Maria Emília Baptista de Oliveira

Bete Gott an und lebe im Sieg

Copyright der portugiesischen Originalausgabe:
Maria Emília Baptista de Oliveira
Im Original im Mai 1996 erschienen mit dem Titel:
ADORE A DEUS e tenha uma vida de VITÓRIA

14. Auflage 2013

Übersetzt aus dem Portugiesischen von Isa Lowy, Hamburg

Best.-Nr. 147419
ISBN 978-3-940188-19-9

Kontaktadresse der Verfasserin:
Maria Emília Baptista de Oliveira
Rua Áries, 77 – Cond. Palos Verdes, Granja Viana, Cotia, S.P., Brasilien

MEDADE
Ministério de Ensino de Adoração ao Deus Eterno
Rua Alves Guimarães, 70 – Pinheiros, São Paulo / S.P.
E-Mail: medade@medade.com.br
Kontaktadresse in Deutschland: E-Mail: isalowy@hotmail.com

Informationen über unser umfangreiches Lieferprogramm an Büchern,
Musik usw. finden Sie unter www.asaph.net oder Sie wenden sich an:
ASAPH, D-58478 Lüdenscheid, E-Mail: asaph@asaph.net

Inhalt

Dank

Vor allem gilt mein Dank Gott, der mich durch Jesus Christus und den Heiligen Geist inspirierte und mir die Offenbarungen gab, die ich hier zu Papier bringe. Ihm widme ich dieses Buch.

Außerdem danke ich Frau Dr. Maria Eugenia da Silva Fernandes für die Zusammenarbeit bei der Redaktion dieses Buches sowie José Pacheco für die Unterstützung beim Druck der 1. Auflage.

Ich danke zugleich allen, die direkt oder indirekt am Zustandekommen dieses Buches mitgewirkt haben.

Mein besonderer Dank gilt Eliton, meinem Ehemann, und meinen Kindern Junior, Wesley, Alessandra und David.

Die Autorin

Einleitung

Eines Morgens früh war ich, wie gewohnt, im Gebet. Da bekam ich von Gott den ganz konkreten Eindruck, ich solle ihn zusammen mit meiner ganzen Familie am nächsten Tag, einem Freitag, um 18 Uhr eine Stunde lang anbeten. Wir sollten mit allen unseren Aktivitäten innehalten und nur ihn anbeten.

Ich teilte dies meinem Mann und meinen Kindern mit, und obwohl wir nicht verstanden, gehorchten wir.

Genau um 18 Uhr an jenem Freitag versammelten wir uns im Garten unseres Hauses und begannen, den Herrn anzubeten, wie er es uns aufgetragen hatte. Wir sagten ihm, wie gut er ist, und verkündeten seine Wundertaten. Wir sprachen nur und sangen nicht. Wir sagten sehr viel, und zwar alles, was wir über die Liebe Gottes wussten, und *wer Gott ist.*

Nach ungefähr 10 Minuten gingen uns die Worte aus. Wir waren mit unserem Repertoire am Ende. Wir erkannten, dass wir nicht wussten, wie man anbetet! Gottes Anweisung lautete ausdrücklich, ihn anzubeten, und es war uns nicht erlaubt, um etwas zu bitten. In der Zwischenzeit hatten mein Mann und drei unserer Kinder schon aufgehört anzubeten. Nur ich und einer meiner Söhne fuhren fort. Nun begannen wir alles zu wiederholen, was wir wussten. Ich ertappte mich dabei, dass ich auf die Uhr sah und dachte: „Wie schwer ist es doch anzubeten!"

Aber wir machten weiter – bis Gott uns Weisheit gab, wie man anbetet. Dann sah mein Sohn einen riesigen Engel über unserem Swimmingpool und war nicht mehr in der Lage, auf den Füßen stehen zu bleiben. Im gleichen Augenblick hatte auch ich eine Vision. Ich sah eine Flagge, die auf einem sehr hohen Mast gehisst war. Sie bewegte sich im Wind und ich erkannte, dass es die Flagge Israels war. Sie hatte einen roten Fleck in einer der Ecken, aber ich war mir sicher, dass in der Flagge Israels kein Rot ist. Da erkannte ich, dass das Rot als Zeichen für das Blut Jesu stand. Ich setzte die Anbetung fort, während die Flagge sich weiter im Wind bewegte. Als ich wieder auf die Uhr sah, hatten wir ganze 70 Minuten in der Anbetung verbracht. Es war ein gewaltiges Erlebnis für uns.

Auch in der darauffolgenden Woche beteten wir wieder gemeinsam den Herrn an. Doch im Laufe der nächsten Wochen ließ die Begeisterung meiner Familie nach, es begleitete mich niemand mehr bei der Anbetung, so betete ich alleine an. Später kam mir der Gedanke, dass ich ja nicht immer bis zum nächsten Freitag warten musste, um anzubeten.

So begann ich nun, den Herrn jeden Abend anzubeten. Die Nächte wurden schon kühl, so ging ich von da an ins Haus, um die Zeiten in der Anbetung vor dem Herrn zu verbringen. Ich ging dabei auf und ab und fühlte mich ausgesprochen wohl.

Mein Mann und die Kinder wunderten sich sehr. Einmal besuchte uns meine Mutter und blieb längere Zeit bei uns. Sie hatte so einen Hang dazu, sich Krankheiten einzubilden. Doch ich sagte ihr: „Mama, komm und bete mit mir Gott an!“ Anzubeten wurde mein größtes Vergnügen, und das fand sie sehr seltsam. Denn wir Menschen sind es nicht gewohnt, nahe beim Vater zu verweilen. Doch meine Mutter kam trotzdem, um mit mir den Vater anzubeten, und wurde zu ihrer eigenen Überraschung geheilt. Sie hatte sich über große Schmerzen beklagt und hatte nicht schlafen können. An jenem Abend vergaß sie, ihre Medizin einzunehmen, und schlief so gut wie nie zuvor. Das war für sie eine bemerkenswerte Erfahrung.

Eineinhalb Jahre später besuchte ich zum dritten Mal in meinem Leben Israel. Am Ende der Gruppenreise übersiedelte ich in ein anderes Hotel in Jerusalem und blieb noch weitere fünf Tage in der Stadt. Als ich den Vorhang meines Hotelzimmers zur Seite zog, bemerkte ich, dass ich genau auf die Stadtmauern Jerusalems sah. Ich begann zu beten und über die Barmherzigkeit Gottes mit seinem Volk zu meditieren.

In diesem Augenblick begann Gott wiederum mit mir zu sprechen und sagte: „Tochter, ich freue mich über deine Anbetung. Lehre mein Volk, mich anzubeten!“ Ich antwortete: „Ich, Herr? Ich bin dazu nicht fähig, ich weiß überhaupt nichts, wie kann ich jemanden lehren anzubeten?“ Und er sagte zu mir: „Fahre zurück nach Brasilien und lehre mein Volk, mich anzubeten, damit es ein Leben im Sieg führen kann. Mein Volk leidet so viel. Öffne die Bibel, und dann werde ich zu dir sprechen.“

Ich schlug die Bibel auf und der Text war 1. Chronik 17,7:

„Und nun, so sollst du zu meinem Knecht, zu David sagen: So spricht der Herr der Heerscharen: Ich selbst habe dich von der Weide genommen, hinter der Schafherde weg, dass du Fürst sein solltest über mein Volk Israel!“

Der Herr sprach: „Sage mir, stammte David von einem König ab? Hatte David königliches Blut?“

Ich sagte: „Nein, Herr.“ Er sprach: „Ich aber setzte dennoch David zum König ein, weil David ein Anbeter war. Während er die Schafe weidete, betete er mich an. Deshalb hatte ich Gefallen an ihm. Ich habe ihn von der Weide genommen und ihn in einen Palast gesetzt, damit er mein Volk regiere. Ich habe David erhoben, weil er ein Anbeter war, und wer mich anbetet, an dem habe ich Freude. Alle verfolgten David, doch er war immer siegreich, denn ich war bei ihm und er war bei mir, wir waren eng miteinander verbunden.“

Niemand kannte David. Er lebte bei den Schafen dort auf der Weide, doch Gott kannte ihn und war mit ihm und David vertraute Gott und hatte keine Angst. Er kämpfte gegen den

Löwen und gegen den Bären, er rettete die Schafe aus ihren Klauen (1. Samuel 17,37). Dort auf der Weide war er (scheinbar) alleine. Doch er betete Gott ständig an. Er wusste, dass Gott bei ihm war, und aus diesem Grunde sah er später weder auf die Größe des Riesen noch auf dessen Waffenrüstung, als er sich vor Goliath stellte. Er war ein Anbeter und er wusste und war völlig überzeugt, dass das nicht sein Kampf war, sondern dass der Herr der Heerscharen für ihn kämpfen würde. David siegte (1. Samuel 17,50). Er liebte Gott und hielt seine Gebote. Er befolgte das 1. Gebot genau: „Du sollst den Herrn, deinen Gott, lieben mit deinem ganzen Herzen und mit deiner ganzen Seele und mit deinem ganzen Verstand ..." David liebte Gott und er betete ihn an. Weil er ein Anbeter war, lebte er immer ein Leben im Sieg, und Gott liebte ihn wegen seiner Treue. Gott liebt auch dich und will, dass auch du ihn liebst. Wer liebt, will auch selbst geliebt werden.

Lieber Leser, liebe Leserin, willst du ein Sieger, eine Siegerin sein? Willst du Gott gehorchen und ihn anbeten? Wenn Gott dieses Buch in deine Hände gebracht hat, heißt das dann nicht, dass er Pläne für dein Leben hat? Oder geschieht irgendetwas durch Zufall? Bitte beachte: Bevor David zum König gesalbt wurde, war er zum Anbeter gesalbt worden.

Motive für Anbetung

Die Flammen des Geistes Gottes in unserem Herzen bewirken, dass wir strahlen und voll Liebe und Freude sind. Ein Herz, das nicht auch in Schmerz und Traurigkeit die Gegenwart Gottes verspürte, hat es schwer, sich in der Anbetung zu erfreuen.

David führte kein langweiliges Leben. Sein Herz war voll Jubel und Anbetung, sowohl in Zeiten der Freude als auch in Zeiten der Enttäuschung. Als Gott Davids grandiosen Plan, ihm ein Haus zu bauen, ablehnte, hätte er traurig und ungehalten sein können (2. Samuel 7,1–13). Doch Davids Herz war vom Herrn geleitet. Er verstand, als Gott sagte, dass sein Sohn ihm das Haus bauen solle. David antwortete Gott mit einem Gebet, das Treue und Gehorsam zum Ausdruck brachte:

„... Und nun, Herr und Gott, das Wort, das du über deinen Knecht und über sein Haus geredet hast, halte ewig aufrecht und tu, wie du geredet hast! Dann wird dein Name ewig groß sein, indem man sagt: Der Herr der Heerscharen ist Gott über Israel!“

David beklagte sich nicht bei Gott und fand auch nicht, dass Gott undankbar war. Vielleicht verstehen wir jetzt, warum Gott David einen Mann nach seinem Herzen nannte. David hatte Gott einen Tempel bauen wollen, in dem er angebetet werden konnte. Das war ihm logisch, natürlich und großartig erschienen.

Denken wir nun einmal an die Pläne, die wir für Gott ausführen wollen. Sie scheinen uns doch auch völlig richtig zu sein, und trotzdem sind sie in Gottes Augen manchmal nicht das Beste. Vielmehr hat er selbst einen besonderen Plan für jeden Einzelnen von uns, wie er auch ganz bestimmte und ganz verschiedene Pläne für David und seinen Sohn Salomo hatte.

Gott hat mir gezeigt, dass mit der Anbetung dem Leib Christi eine mächtige geistliche Kraft zur Heiligkeit gegeben ist. Gott ruft dich, ein Anbeter zu sein. Gott tut in der Anbetung gewaltige Dinge in unserer Mitte. Während du anbetest, beginnt Gott in deinem Leben zu wirken. **Es kommt zu Sündenerkenntnis, körperlicher Heilung, Heilung der Seele und Befreiung. Festungen des Feindes werden niedergerissen. In dir beginnt ein Prozess der Reinigung und Heiligung, und dein Charakter wird verändert.** Du stellst plötzlich fest, dass du nicht mehr dieselbe Person bist. Alles verändert sich in deinem Leben: deine Handlungen, dein Verhalten, dein Lebensstil, deine Art zu sein! Du bist ein neues Wesen! Um ein wirklicher Anbeter zu werden, muss es zu einer Veränderung deines menschlichen Charakters kommen, und der Heilige Geist Gottes selbst wird in deinem Leben wirken.

Lass dich nicht irreführen! Satan verfolgt die niederträchtige Strategie, die Gemeinde vom Durchbruch abzuhalten, indem er sie darüber zu täuschen versucht, dass die Kraft Gottes durch Jesus Christus für uns verfügbar geworden ist. Satan benutzt jede nur denkbare Taktik, um die Gemeinde von einem Lebensstil der Anbetung abzuhalten. Er bringt so viel Aktivitäten und Arbeit in dein Leben, dass du rund um die Uhr damit beschäftigt bist. Weißt du, warum? Weil Satan die **Macht der Anbetung** kennt. Erinnere dich, er war der Lobpreisleiter im Himmel. Er kennt die Wirkung und die Bedeutung der Anbetung sehr gut. Aus diesem Grunde will er selbst angebetet werden. Er bot Jesus alle Königreiche dieser Welt an und sagte:

„... Wenn du nun vor mir anbeten willst, soll das alles dein sein. Und Jesus antwortete ihm und sprach: Es steht geschrieben: **Du sollst den Herrn, deinen Gott, anbeten und ihm allein dienen**“ (Lukas 4,7–8).

Mit dieser Aussage lehrt und warnt uns Jesus – denn der Herr teilt seine Herrlichkeit und seine Ehre mit niemandem. Er ist der Einzige in diesem Universum, den wir anbeten und lieben sollen. Deshalb muss unsere ganze Anbetung ihm gehören, Jesus.

Geliebte Schwester, geliebter Bruder, **Anbetung ist die wirksamste Art geistlichen Kampfes**. Wenn du anbetest, ist es, als würdest du eine Atombombe zur Explosion bringen. Mauern werden niedergerissen, fliegen in die Luft und fallen zu Boden, Ketten werden gesprengt. **Die unsichtbaren Mächte der Finsternis halten der Explosion einer Atombombe, wie die Anbetung Gottes eine ist, nicht stand.** Deshalb sagt Gott: „In der Anbetung wird mein Volk ein Leben im Sieg führen, denn alle Barrieren werden niedergerissen werden und der Feind wird besiegt sein. Er wird keine Macht in deinem Leben haben.“

Wenn du von Herzen anbetest und ein wahrhaftiger Anbeter wirst, dann ist es, als hättest du ein unsichtbares Feuer um dich herum. Der Feind wird dich nicht mehr angreifen können, denn du gehst ganz in Anbetung auf und bist völlig damit beschäftigt, dem König der Könige, dem Schöpfer und Herrscher des Universums, die Ehre zu geben, die ihm gebührt. Gott sagt dann: „Mein Sohn (oder meine Tochter) ist sehr beschäftigt.“ Ja, er sendet dann sogar seine Engel aus, um für uns zu arbeiten und unsere Geschäfte zu erledigen. Der Feind hat keine Möglichkeit, uns anzugreifen, da wir uns im Thronsaal befinden, ganz mit Anbetung beschäftigt, und das **erfreut Gott**. Dass es tatsächlich so ist, können wir in Johannes 4,23 in den Worten Jesu lesen:

„... Es kommt aber die Stunde und ist jetzt, da die wahren Anbeter den Vater in Geist und Wahrheit anbeten werden; denn auch der Vater sucht solche als seine Anbeter.“

Geliebte, der Vater sucht mit einem Fernglas die Erde nach Anbetern ab, um die zu finden, die ihn in Geist und Wahrheit anbeten. Trage dich heute ein in das Heer der Anbeter Gottes!!!

Jesus sagte: „Die Stunde kommt.“
Kann es sein, dass sie für uns jetzt gekommen ist?

Der Unterschied zwischen Anbetung und Lobpreis

Jeder Lobpreis Gottes sollte in die Anbetung Gottes hineinführen. Wenn es gut ist, Gott zu preisen, so ist ihn anzubeten noch viel besser. Im Lobpreis preist du ihn wegen seiner Taten. In der Anbetung betest du Gott als Persönlichkeit und wegen der Art, wie er ist, an. Der Lobpreis wird aus der Seele geboren, die Anbetung aus dem Geist.

Im Lobpreis sind hauptsächlich deine Gefühle angeregt und aktiv. Die Anbetung ist Hingabe. Während sich die Kraft im Lobpreis darauf konzentriert, was Gott **tut**, konzentriert sich die Kraft in der Anbetung auf das, wer Gott **ist**. Lobpreis ist eine Handlung, es ist ein Ausdruck deines Lebens. Anbetung hingegen ist ein Lebensstil, eine Art zu leben.

Wenn du Lobpreis darbringst, führst du eine Handlung aus, der du dir bewusst bist. In der Anbetung **bist** du ein Anbeter, **bist** du ein Liebhaber Gottes – es ist die Form deines Daseins. Im Lobpreis bleibst du im Vorhof. In der Anbetung begibst du dich in das Allerheiligste. Die Hingabe der Anbetung ist tiefer als die des Lobpreises. Anbetung im Alten Testament ist meist mit einer gewissen Distanz verbunden. **Im Neuen Bund bedeutet anzubeten zu küssen, zu den Füßen des Herrn zu sein, sich niederzuwerfen, ihn zu umarmen.** Ist es dir möglich, jemanden aus der Ferne zu küssen und zu umarmen?

Im Hohelied des Salomo sehen wir eine innige Beziehung zwischen dem Bräutigam und der Braut. Einige Ausleger sehen in dem Bräutigam des Hoheliedes Christus und in der Braut die Gemeinde. **Wenn die Gemeinde Gott anbetet, ist das Gemeinschaft, inniges Zusammensein mit Gott.**

Dabei ist es unmöglich, dass du Gott anbetest und gleichzeitig böse auf eine andere Person, hochmütig, stolz oder geschwätzig bist. Es kann nicht sein, dass du gleichzeitig in Lüge oder im Ehebruch lebst, dass du nur sprichst, um die Aufmerksamkeit auf dich zu ziehen, oder dass du dir alles anschaust, was vor deine Augen kommt, oder aber deinen Körper dazu einsetzt, die Aufmerksamkeit auf das Fleisch zu lenken. Das Bewusstsein der Heiligkeit Gottes vernichtet all diese Bestrebungen. Wenn wir genügend Zeit im Thronsaal verbringen, in der Königskammer, wird unser Fleisch diszipliniert. Es kommt in Übereinstimmung mit dem Wort Gottes. **Die Anbetung beeinflusst und verändert deinen Charakter.** Um anzubeten, musst du dich von materiellen Umständen und den Einflüssen der Umgebung losmachen und in eine innige Gemeinschaft mit Gott eintreten. Werde geistlich betrunken, indem du diesen Gott, den Schöpfer aller Dinge, anbetest und liebst – und du wirst ein neues Leben führen, denn in der Gegenwart Gottes ist die Fülle aller Freude!

Mit sauberen Händen und reinem Herzen

„Naht euch Gott! Und er wird sich euch nahen. Säubert die Hände, ihr Sünder, und reinigt die Herzen, ihr Wankelmütigen! ... Demütigt euch vor dem Herrn! Und er wird euch erhöhen“ (Jakobus 4,8.10).

Im Neuen Testament lesen wir vom Reinigen der Herzen, bevor wir dem Herrn dienen. Darin finden wir eine Entsprechung zum Waschen der Hände im Alten Testament. Wir müssen unsere Herzen von zweifelhaften Wünschen reinigen, bevor wir Gott im Lobpreis und in der Anbetung dienen.

Wir sollten nicht versuchen, Gott unsere Anbetung darzubringen, wenn unsere Sinne nicht vollständig dem Herrn zugewandt sind. Anbetung darbringen zu wollen, wenn unsere Gedanken mit anderen Dingen beschäftigt sind, ist eine Beleidigung für die Person und für den Charakter Gottes.

„Wer darf hinaufsteigen auf den Berg des Herrn und wer darf stehen an seiner heiligen Stätte? Der unschuldige Hände und ein reines Herz hat ...“ (Psalm 24,3.4).

Ein reines Herz bedeutet richtige Motive. Die Frage ist: Warum beten wir Gott an? Sind unsere Motive rein oder haben wir geheime, verborgene Wünsche? Als Jesus einmal von einem Gesetzesgelehrten befragt wurde, antwortete er ihm:

„… du sollst den Herrn, deinen Gott, lieben mit deinem ganzen Herzen und mit deiner ganzen Seele und mit deinem ganzen Verstand. Dies ist das größte und erste Gebot“ (Matthäus 22,37–38).

Warum erfüllen sich viele Verheißungen Gottes in unserem Leben nicht? Sie erfüllen sich nicht, weil wir Gottes **erstes und größtes Gebot** an uns nicht erfüllen, nämlich **den Herrn**, den Schöpfer und Herrscher des Universums, mit unserem ganzen Herzen, mit unserer ganzen Seele und mit unserem ganzen Verstand zu lieben und **anzubeten**.

Vollmacht und Sieg, wenn wir ihn anbeten

In Psalm 84,3 sagt David:

„Es sehnt sich, ja, es schmachtet meine Seele nach den Vorhöfen des Herrn, mein Herz und mein Leib, sie jauchzen dem lebendigen Gott entgegen."

Der Anbeter erfreut sich am Herrn und Gott gewährt ihm die Wünsche seines Herzens (Psalm 37,4). Viele sagen aber: „Wenn Gott mir doch wenigstens die Wünsche meines Herzens erfüllen würde, wie sehr würde ich ihn anbeten!"

Die göttliche Reihenfolge ist umgekehrt. Wenn wir ihn anbeten und uns an ihm und in ihm freuen, dann gewährt er uns die Wünsche unseres Herzens, denn in seinen Augen haben anbetende Herzen Wünsche, die er erfüllen kann und will. Er freut sich sogar über diese Wünsche und freut sich ebenso sehr, sie zu erfüllen.

Anbetung kommt vor dem Sieg. In 2. Chronik 20 sehen wir, wie der König von Juda sein Volk in einen Kampf gegen die Ammoniter führte. Gott wies Joschafat an, Sänger für ihn aufzustellen. Diese zogen vor dem Heer aus und beteten Gott an und sprachen: *„Preist den Herrn, denn* seine *Gnade währt ewig."* In dem Augenblick, in dem die Sänger mit Jubel und Lobgesang anfingen, die Herrschaft Gottes zu verkündigen, legte der Herr einen Hinterhalt gegen die Ammoniter (2. Chronik 20,21–22). Stellen wir uns doch einmal ein Heer vor, das von einer Gruppe von Anbetern angeführt wird, von einer Art Chor! Wie befremdend ist doch für den natürlichen menschlichen Verstand die Idee, in einer solchen Weise Krieg zu führen und in einen Kampf zu ziehen! Die Schrift sagt aber sehr deutlich: Unsere Waffen sind nicht fleischlich!

Ich bitte dich, lieber Leser, sehr aufmerksam zu sein, denn der Heilige Geist selbst lehrt uns. Versuche dieses kleine Buch nicht nur zu lesen – sondern seine Lehren in der Praxis anzuwenden.

Wenn wir unserem Feind gegenüberstehen, müssen wir uns an die Macht erinnern, die die Anbetung im Mund eines Anbeters darstellt. Die Person, die es wirklich lernt anzubeten und sich in der Anbetung völlig dem Heiligen Geist hinzugeben, begibt sich in den Thronsaal Gottes und ist danach nicht mehr dieselbe. Körperliche Heilung, Heilung der Seele und Befreiung finden statt. Sehen wir einmal, was nach Aussage der Bibel mit Anbetern geschieht.

In Matthäus 8,2–3 lesen wir:

„Und siehe, ein Aussätziger kam heran und ***warf sich vor ihm (Jesus) nieder*** *und sprach: Herr, wenn du willst, kannst du mich reinigen. Und Jesus streckte die Hand aus, rührte ihn an und sprach: Ich will. Sei gereinigt!* ***Und sogleich wurde sein Aussatz gereinigt.****"*

In Apostelgeschichte 16,25–26 sehen wir, wie Paulus und Silas aus dem Gefängnis befreit wurden.

„Um Mitternacht aber ***beteten*** *Paulus und Silas* ***und lobsangen Gott****; und die Gefangenen hörten ihnen zu. Plötzlich aber geschah ein großes Erdbeben, sodass die Grundfesten des Gefängnisses erschüttert wurden, und sofort öffneten sich alle Türen,* ***und alle Fesseln lösten sich.****"*

Außerdem kann dich niemand angreifen, wenn du im Thronsaal bist. David sagte:

„Gepriesen! rufe ich zum Herrn, so werde ich vor meinen Feinden gerettet“ (Psalm 18,4).

Die natürlichen Feinde Davids und des Volkes Israel und Juda sind ein alttestamentliches Abbild der Gewalten, der Mächte, der Weltbeherrscher der Finsternis und der geistigen Mächte der Bosheit in der Himmelswelt nach Epheser 6,12.

Im Psalm 149 lesen wir (wobei auch hier die Nationen und Völkerschaften und deren Könige und Edle den Feinden des neutestamentlichen Gottesvolkes in den Himmeln entsprechen):

„Lopreis Gottes sei in ihrer Kehle *(Anbetung)* ***und ein zweischneidiges Schwert in ihrer Hand“*** *(Vers 6),* ***um Rache zu vollziehen an den Nationen, Strafgerichte an den Völkerschaften, um ihre Könige zu binden mit Ketten, ihre Edlen mit eisernen Fesseln, um das schon aufgeschriebene Gericht an ihnen*** *(unseren Feinden)* ***zu vollziehen! Das ist Ehre für alle seine Frommen. Halleluja!“ (Verse 7–9).***

Das ist die Herrlichkeit aller Heiligen, die den Herrn anbeten, dass sie den Lobpreis Gottes auf ihren Lippen und in ihrem Herzen haben. Gott ist gewaltig! Er gibt uns jede Strategie, die wir brauchen. Halleluja!

Während du mit deinen eigenen Kräften verbissen kämpfst, verwickelt in eine schwierige geistliche Schlacht, vergisst du anzubeten und enthältst Gott damit die Zeit vor, die ihm gehört. Die Anbetung, die ja eine ehrfurchtsvolle Begegnung mit dem Herrscher des Universums darstellt, **ist die Kraft, die die Wirkung des feindlichen Giftes aufhebt** und die Macht des Feindes unwirksam macht, sodass er nicht in dein Leben eingreifen kann. Deshalb sagen wir, dass **die Anbetung Macht bedeutet und Sieg mit sich bringt**. Jedoch bitte ich dich, Folgendes zu bedenken: Du gehst nicht als Bittsteller zu Gott, sondern als Anbeter, was bedeutet, dass du nicht zu ihm gehst, weil er etwas für dich **tun kann** (obwohl er natürlich viel für dich tun kann und auch tun wird), sondern du gehst zu ihm als zu dem, der er ist. **Wenn du lernst, wer er ist, dann wirst du ihn mit größerer Intensität anbeten und du wirst für die Hölle zur Gefahr werden.** Wenn du merkst, dass die Dinge in deinem Leben schwierig werden, dann beginne den Herrn anzubeten, ohne Unterlass. Eines Morgens wachte ich mit starken Schmerzen auf. Die Schmerzen waren so groß, dass ich weder sitzen, liegen noch stehen konnte. Mein Mann und meine Kinder begannen zu beten und wollten mich schon ins Krankenhaus bringen. Alle Medikamente, die ich einnahm, habe ich sofort wieder erbrochen. Das ereignete sich kurz nachdem mir der Herr diese Offenbarung über Anbetung gegeben hatte.

Ich konnte die Schmerzen kaum noch ertragen, und alle waren schon verzweifelt, aber ich wollte nicht ins Krankenhaus. Unter Tränen begann ich schließlich den Herrn anzubeten. In dem Maße, wie ich anbetete, war es mir, als ob meine Augen geöffnet wurden, und ich sah im geistlichen Bereich viele Dämonen, die mich angriffen. Diese Dinge geschahen in einer Zeit, in der ich, meine Familie und einige Brüder uns regelmäßig sonntagmorgens zum Bibelstudium trafen. Ich blieb in meinem Schlafzimmer und betete, wenn auch unter Tränen und mit großen Schmerzen, den Herrn an. Als die Brüder, die bereits versammelt waren, anfingen Anbetungslieder zu singen, begleitete ich sie von meinem Schlafzimmer aus. Dann sah ich, wie diese Dämonen, die Riesen glichen, ihre Kraft verloren. Es schien, als wären sie betrunken, und sie begannen, nacheinander zu Boden zu fallen. Sie glichen aufgeblasenen Puppen, die zusammenschrumpften und nicht mehr fähig waren aufzustehen! Sie versuchten sich wieder aufzurichten, fielen aufs Neue zu Boden und schleppten sich dahin bis zu dem Augenblick, da sie ihre Kräfte völlig verloren. Es war, als hätte man den Stecker aus der Steckdose gezogen. Im selben Augenblick hörten meine Schmerzen auf und ich war geheilt. **Die Macht der Anbetung ist sehr groß,** liebe Geschwister! Es geschehen gewaltige Dinge, wenn wir anbeten.

Während eines Vortrags über Anbetung, den ich seit einiger Zeit jeden Freitag um 18 Uhr halte, konnten wir verschiedene Male erleben, wie Gott seine Macht erwies und der Herr uns heimsuchte. So wurde zum Beispiel während einer der Anbetungszeiten eine Frau von einem Lungenproblem geheilt. Eine andere Frau wurde während einer dieser Anbetungszeiten von immer wiederkehrenden Blutungen befreit. Wieder andere Personen wurden von chronischen Kopfschmerzen, Brustkrebs und Knoten im Körper geheilt. Zerstörte Familien wurden wiederhergestellt, Personen, die arbeitslos waren, fanden eine Arbeitsstelle, Familien mit finanziellen Problemen erlebten darin Sieg, sie wurden von Gott berührt und erfuhren Wiederherstellung und auch Veränderung ihres Charakters. Bitte denke auch hier wieder daran, dass niemand in den Versammlungen etwas erbat (es ist bei uns nicht erlaubt zu bitten), wir beteten nur an!!!

Nachdem wir in dieser Weise begonnen hatten anzubeten, erfuhren auch wir eine Reihe radikaler Veränderungen in der Familie, im geschäftlichen Bereich, in Gesundheit und Charakter. Der Herr schüttelte regelrecht unser Leben, wir begannen die Stimme Gottes zu hören und eine intensivere Gemeinschaft mit ihm zu haben. Im Folgenden möchte ich von einem für mich sehr wichtigen Ereignis berichten.

Es war an einem Montagabend, nachdem ich den Tag über gefastet hatte. Eben wollte ich dem Herrn das Fasten zurückgeben, ihn anbeten und danach wieder zu essen anfangen, als der Herr zu mir sprach und sagte: „Halte ein und faste drei Tage lang ...“ So lange hatte ich zuvor noch nicht gefastet. Ich sagte meinem Mann, dass ich weiter fasten würde und dass ich gerne allein in meinem Zimmer bleiben wollte, um das Wort Gottes zu studieren und zu beten. Ich stellte mir vor, dass der Herr in jenen drei Tagen viel mit mir sprechen würde und dass etwas Übernatürliches geschehen würde! Zu meiner Überraschung geschah in dieser Zeit jedoch überhaupt nichts Aufsehenerregendes.

So vergingen einige weitere Tage. Am siebten Tag nach dem Fasten und der damit verbundenen intensiven Zeit der Anbetung kam ich von Rio de Janeiro zurück. Ich hatte dort in einer Gemeinde gesprochen und der Herr hatte große Wunder getan. Als ich nach Hause kam, war ich etwas müde und legte mich schlafen. Am frühen Morgen wachte ich auf und stellte fest, dass es meinem Mann nicht gut ging. Doch nahm ich es zunächst noch nicht besonders ernst. Sein Zustand verschlechterte sich jedoch so sehr, dass ich erkannte, dass etwas wirklich Ernstes vorliegen musste.

Ich rief meine Kinder, die gerade schliefen, und sagte: „Eurem Vater geht es sehr schlecht." Sein Zustand verschlimmerte sich weiter, er hatte Schmerzen und plötzlich sagte er: „Seid nicht traurig und weint auch nicht." Die Kinder erkannten, dass er sich von uns verabschieden wollte. Sie begannen zu weinen und beteten, dass der Herr ihn nicht zu sich holen möge, doch ganz plötzlich starb er. Ich betete und verspürte innerlich eine Ruhe, die ich bis heute nicht begreife. Es kam mir nicht einen Augenblick in den Sinn, einen Arzt zu rufen oder sonst jemanden anzurufen. Ich fühlte eine übernatürliche Kraft und Ruhe.

Ich dachte an das, was der Herr mir früher schon gesagt hatte: „Wenn du mich anbetest, können dich die Feinde nicht anrühren." Warum war dann dies alles geschehen? Während ich im Zimmer auf und ab ging, an das dachte, was der Herr mir gesagte hatte, und gleichzeitig betete, sprach der Herr plötzlich zu mir: „Salbe ihn und rufe siebenmal mein Blut an." Ich verstand nicht, doch ich gehorchte – und nahm das Salböl. Ich salbte meinem Mann die Stirn, den Mund und das Herz, wie der Herr es angeordnet hatte. Als ich meine Hand auf seine Brust legte, fühlte ich keinen Herzschlag, er war kalt. Dann befahl mir der Heilige Geist: „Rufe das Blut Jesu siebenmal an." Ich gehorchte und sagte: „Durch das Blut des Lammes, Leben Jesu, komme in das Leben von Eliton." Um mich nicht zu verzählen, legte ich meine rechte Hand auf seine Brust und mit meiner linken Hand zählte ich an den Fingern. Zur Ehre und Verherrlichung des Herrn Jesus kam er zum Leben zurück, als ich meinem Mann zum siebten Mal in dieser Weise diente!

So hat mich der Herr gelehrt, dass nichts durch die Kraft unseres Armes geschieht, sondern dass unser Sieg aus der Ruhe kommt. Weil ich ruhig war und im Herrn ruhte, zeigte er uns, dass er der Allmächtige ist. Ihm gehört alles Leben. Ich verherrliche ihn und ich gebe Menschen Zeugnis über das, was Gott für die tut, die ihm gehorchen. Der Herr bewies mir auch hier wieder, dass ich auf dem richtigen Weg bin. Der Sieg gehört denen, die ihn anbeten. Ihn anbeten, das Lamm, den Löwen vom Stamm Juda!

Der Herr bleibt dem Grundsatz in Lukas 6,38 treu, der besagt: *„Gebt, und es wird euch gegeben werden; ein gutes, gedrücktes und gerütteltes und überlaufendes Maß wird man in euren Schoß geben; denn mit demselben Maß, mit dem ihr messt, wird euch wieder gemessen werden."*

Gib Gott, und du wirst empfangen.

Dies, geliebter Leser, ist, was Anbetung bewirkt: Macht und Sieg. Ein weiterer wichtiger Aspekt, den wir noch erwähnen möchten, ist, dass die Gegenwart des Herrn besonders stark ist, wenn wir zusammenkommen, um gemeinsam anzubeten. Wenn ich in Gemeinden über praktische Anbetung lehre, gibt der Herr immer prophetische Worte. Heilungen geschehen und viele Personen werden befreit und errettet. Der Herr wandelt in unserer Mitte und ein Heer von Engeln besucht uns. Einige Personen in Gemeinden, die ich besucht habe, haben berichtet, dass sie während der Anbetung einen Engelchor gehört haben, der uns umgab.

Du kannst dir ganz gewiss sein, dass **überall auf der Erde die Macht Gottes manifestiert wird, wenn der König der Könige, der Herr der Herren, dem alle Ehre und Herrlichkeit von Ewigkeit zu Ewigkeit gebührt, angebetet wird!**

Die Erde wird erfüllt sein von der Erkenntnis der Herrlichkeit des Herrn

„So lasst uns ihn erkennen, ja, lasst uns nachjagen der Erkenntnis des Herrn! Sicher wie die Morgenröte ist sein Hervortreten. Er kommt wie der Regen zu uns, wie der Spätregen, der die Erde benetzt“ (Hosea 6,3).

Die Zeit der Ausgießung des Geistes Gottes vor der Wiederkunft Jesu wird in der Bibel die Zeit des Spätregens genannt. Der Heilige Geist wird wie ein sintflutartiger Regen vom Himmel fallen. Doch wenn es keine Anbetung gibt, wird es auch keinen Regen geben. In Israel kannte man in biblischer Zeit, wie auch heute, zwei Regenperioden. Die eine war am Anfang des Jahres und bereitete den Boden für das Bestellen der Felder vor, und die zweite, am Ende des Jahres, nach vielen trockenen und heißen Monaten, gab der Landwirtschaft noch den letzten Wachstumsschub vor der Ernte. Diese Regenzeiten nannte man den Frühregen und den Spätregen. Aber die wunderbare Ausgießung des Heiligen Geistes am Ende des Zeitalters wird so sein, als würden diese beiden Regenperioden zur gleichen Zeit eintreten! Gott, der Ackerbauer, erwartet Anbetung, um ausgiebigen Regen geben und dann schließlich die große Ernte einholen zu können.

Ich bin überzeugt, in allen Teilen der Welt werden sich Anbeter erheben. Der Herr selbst wird sich in diesen letzten Tagen ein Volk von Anbetern bilden. Es wird sich ein Volk wie ein mächtiges Heer erheben, das über die Erde marschieren wird. Lobpreis Gottes wird in ihren Kehlen sein und ein zweischneidiges Schwert in ihren Händen.

Die Anbetung des Volkes Gottes wird wie eine große Wolke sein, die wie Weihrauch zu Gott aufsteigt. Die Dämonen werden sie nicht ertragen, denn die Macht und Gegenwart Gottes wird sich auf die Anbeter herabsenken. Gott wird erst Tropfen senden und dann Regengüsse von Segnungen, die ausgiebiger sein werden als alles, was wir je zuvor gesehen haben. Das bedeutet es, die Erde wird erfüllt sein von der Erkenntnis der Herrlichkeit des Herrn.

Wenn Jesus sagt, dass Gott sich aus dem Munde der Unmündigen und Säuglinge Lob bereite (Matthäus 21,16), so sehen wir, wenn wir in den Psalm 8 schauen, den Jesus hier zitiert, dass Lobpreis und Anbetung mit Kraft zu tun haben. **Wenn wir Gott anbeten oder ihn feiern, so schaffen wir eine Atmosphäre, die dazu geeignet ist, dass Gott handeln kann. Dann heilt und befreit er und tut Zeichen und Wunder. Anbetung bewirkt, dass der Feind schweigen muss und sein Handeln blockiert wird. Durch die Anbetung der Gläubigen wird der Himmel geöffnet und von Mächten der Finsternis gereinigt, und die Engel Gottes werden freigesetzt, in menschliches Geschehen einzugreifen** (vergleiche Daniel 10). Außerdem kann der Geist Gottes stärker wirken, um die Welt von Sünde, von Gerechtigkeit und von Gericht zu überführen. Darüber hinaus werden wir durch die Anbetung befähigt, die Stimme Gottes besser zu hören. Sie macht uns sensibel, seine Gegenwart wahrzunehmen und ihm bereitwilliger zu gehorchen.

Unsere Anbetung Gottes bewirkt, dass wir uns sehen, wie wir wirklich sind, wie die Situation, in der wir uns befinden, tatsächlich zu sehen ist, und sie führt uns zum Zerbruch und zur vollkommenen Buße. Gleichzeitig ist sie Ausdruck unendlicher Freude, von Glück und regelrechter Verzückung, denn unser Gott lebt und ist real. Seine Gegenwart ist uns zugänglich, wenn wir uns ihm nur völlig öffnen. Wir werden nie mehr dieselben sein, denn er wird uns mit seiner Liebe füllen.

Willst du ein Sieger sein? Bete Gott an. Bist du krank? Bete Gott an. Bist du traurig? Bete Gott an. Hast du finanzielle Probleme? Bete Gott an. Geht es dir gut? Bete Gott an. Bist du zufrieden? Bete Gott an. Zu jeder Zeit bete Gott an!

Du sollst nicht nur bitten, denn du bist kein Bettler. Sei ein Anbeter. Mache den Test und sieh, was in deinem Leben geschehen wird! Bete an, damit die Erde erfüllt sein wird mit der Erkenntnis der Herrlichkeit des Herrn!

Der Prophet Jesaja sieht in seiner himmlischen Vision die göttlichen Seraphim und sagt:

„Und einer** (der Seraphim) **rief dem andern zu und sprach: Heilig, heilig, heilig ist der Herr der Heerscharen! Die ganze Erde ist erfüllt mit seiner Herrlichkeit!“ (Jesaja 6,3).

Auch dem Propheten Habakuk gab der Herr eine Vision und befahl ihm, sie gut leserlich aufzuschreiben, da „diese Vision erst für die festgesetzte Zeit gilt und auf das Ende hinstrebt und nicht lügt“ (Habakuk 2,3). Daraufhin schrieb der Prophet Habakuk:

„Denn die Erde wird davon erfüllt sein, die Herrlichkeit des Herrn zu erkennen, wie die Wasser den Meeresgrund bedecken“ (Habakuk 2,14).

In den Kapiteln 4 und 5 der Offenbarung beschreibt Johannes den Thron Gottes und sagt, dass die vier lebendigen Wesen Tag und Nacht nicht aufhörten zu sagen:

„Heilig, heilig, heilig, Herr, Gott, Allmächtiger, der war und der ist und der kommt.“

Währenddessen fielen vierundzwanzig Älteste nieder vor dem, der auf dem Thron saß, und beteten den an, der von Ewigkeit zu Ewigkeit lebt, und sagten:

„Du bist würdig, unser Herr und Gott, die Herrlichkeit und die Ehre und die Macht zu nehmen, denn du hast alle Dinge erschaffen, und deines Willens wegen waren sie und sind sie erschaffen worden“ (Offenbarung 4,8–11).

Johannes hörte auch jedes Geschöpf, das im Himmel und auf der Erde und unter der Erde und auf dem Meer ist, und alles, was in ihnen ist, sagen:

„Dem, der auf dem Thron sitzt, und dem Lamm den Lobpreis und die Ehre und die Herrlichkeit und die Macht von Ewigkeit zu Ewigkeit“ (Offenbarung 5,13).

Die Anbetung, lieber Leser, ist wesentlich bei den letzten Vorbereitungen für das große Fest, die Hochzeit des Lammes. Es ist die Begegnung des Bräutigams mit seiner geliebten Braut, seiner Gemeinde – uns!

Dein Mund spricht, wovon dein Herz voll ist. Wie willst du dich deinem geliebten Bräutigam nahen, wenn du nicht weißt, wie du ihm deine Liebe erklären sollst?

Dies ist die Stunde und sie ist schon da

In Amos 9,11 sagt der Herr:

„An jenem Tag richte ich die verfallene Hütte Davids auf, ihre Risse vermauere ich und ihre Trümmer richte ich auf und ich baue sie wie in den Tagen der Vorzeit ...“

David hatte in seinen Tagen eine ganz neue Ordnung der Anbetung festgesetzt. Er ließ die Bundeslade in eine neue Stiftshütte stellen. Er bestellte eine Priesterschaft von Sängern und Musikern, **um den Herrn ständig** vor der Bundeslade **anzubeten (2. Chronik 15,14.16)**. Dieser Anbetungsgottesdienst für den Herrn wurde dann durch den König Hiskia erneut eingeführt.

„Und als man das Brandopfer vollständig dargebracht hatte, knieten der König und alle, die sich bei ihm befanden, nieder und beteten an. Und der König Hiskia und die Obersten sagten zu den Leviten, dass sie dem Herrn lobsingen sollten mit den Worten Davids und des Sehers Asaph. Und sie lobsangen mit Freude und neigten sich und beteten an“ (2. Chronik 29,29–30).

Seit dieser Zeit hat das Volk Gottes jedoch wieder und wieder vergessen ihn anzubeten und der Herr bringt heute neu hervor und stellt wieder her, was im Laufe der Zeit verloren gegangen ist. Heute fordert uns der Herr wiederum auf, ins Allerheiligste vorzudringen, um ihm von Angesicht zu Angesicht zu begegnen. Nur stehen wir nicht mehr im Tempel, wir sind vielmehr selbst ein Tempel, der Tempel des Heiligen Geistes!

In der Offenbarung 21,3 können wir lesen:

„Und ich hörte eine laute Stimme vom Thron her sagen: Siehe, das Zelt Gottes bei den Menschen! Und er wird bei ihnen wohnen, und sie werden sein Volk sein, und Gott selbst wird bei ihnen sein, ihr Gott.“

Gottes Anweisung an uns ist, ihn anzubeten. Wir dürfen uns dabei nicht entmutigen lassen. Nehemia baute die Mauern und die Tore Jerusalems wieder auf, er vermauerte die Breschen, doch der Feind versuchte ständig, ihn zu entmutigen und an der Weiterarbeit zu hindern. Auf die gleiche Weise versucht der Feind uns zu hindern, Gott anzubeten, damit wir die Segnungen nicht empfangen, mit denen der Herr uns schon gesegnet hat, denn:

„Gepriesen sei der Gott und Vater unseres Herrn Jesus Christus! Er hat uns gesegnet mit jeder geistlichen Segnung in der Himmelswelt in Christus“ (Epheser 1,3).

Wenn du ausharrst, ist sicher, dass die Segnungen des Herrn dir nachfolgen werden:

„Und es wird geschehen, wenn du der Stimme des Herrn, deines Gottes, genau gehorchst, dass du darauf achtest, all seine Gebote zu tun, die ich dir heute befehle, dann wird der Herr, dein Gott, dich als höchste über alle Nationen der Erde stellen. Und alle diese Segnungen werden über dich kommen und werden dich erreichen, wenn du der Stimme des Herrn, deines Gottes, gehorchst“ (5. Mose 28,1–2).

Die Segnungen werden über dich kommen, nicht aus deiner Kraft, sondern durch die Macht Gottes. Während du anbetest, sieht der Herr auf dich und sagt: „Mein Sohn (meine

Tochter) ist sehr beschäftigt, mich anzubeten“ und er sendet sein Heer von Engeln aus, um für dich zu arbeiten.

Anzubeten heißt auch, sich zu demütigen, sich zu den Füßen Jesu niederzuwerfen und sich in einer Art und Weise einbeziehen zu lassen, dass man alles andere vergisst. Du kommst in eine Atmosphäre des Friedens, der Freude und solch einer Fröhlichkeit, wie du sie vorher nicht gekannt hast.

VERGISS NICHT:

„Es kommt aber die Stunde und sie ist jetzt, da die wahren Anbeter den Vater in Geist und Wahrheit anbeten werden, denn auch der Vater sucht solche als seine Anbeter“ (Johannes 4,23).

Wie beten wir an?

Bitte lies diesen Teil nicht, um ihn anschließend in eine Schublade zu legen. Ich möchte dir vorschlagen, dass du ihn jeden Morgen und jeden Abend liest, wenn möglich täglich, bis ... es zur Realität in deinem Leben wird und du ein echter Anbeter bist. Lass dich völlig in die Anbetung hineinnehmen und sei ein Liebhaber Gottes. Gib ihm dein Bestes und fülle die Atmosphäre um dich herum mit Anbetung. Lass dich nicht beeindrucken von dem, was in deinem Leben geschehen wird. Gewaltige Veränderungen werden stattfinden. Harre aus, bleibe treu, lass dich nicht entmutigen, denn Heilung, Befreiung und Veränderung deines Charakters werden folgen.

Vergiss nicht: **Du bist, wenn du anbetest, im Thronsaal, und dort kann dich niemand anrühren. Du bist sogar eine Bedrohung für die Hölle.** Die Feinde werden von dir fliehen, denn sie ertragen die Anbetung und die Herrlichkeit Gottes über deinem Leben nicht!!! Wie sollen wir den König der Könige anbeten? Im Geist und in der Wahrheit. Was ich im Folgenden zeige, solltest du nicht nur lesen, sondern aus tiefstem Herzen sprechen und dich völlig hineinnehmen lassen. Gib dem Heiligen Geist Freiheit. Stelle dir vor, du bist im Thronsaal, vor dem König der Könige, und du sprichst Worte der Liebe zu ihm! Das Herz Gottes schmilzt, wenn du ihn anbetest. Sein Herz wird bewegt durch deine Anbetung.

Erprobe und erfahre, was

ANBETUNG

ist:

„... ein Ausdruck deiner Liebe!“

„... sie bewegt Gott zu handeln!“

„... die höchste Ebene
geistlichen Kampfes!“

JESUS CHRISTUS, DU BIST ...

... das Alpha und das Omega
... der Anfang und das Ende
... der Urheber des Lebens
... der einzig Erhabene
... der gute Hirte
... der Anfänger und Vollender meines Glaubens
... die Tür
... das Haupt der Gemeinde
... mein Ratgeber
... das Lamm Gottes

JESUS, DU BIST

... die Auferstehung
... der, auf den die Völker hoffen
... der starke Gott
... Gott Immanuel
... der geliebte Sohn des Vaters
... der einzige Souverän
... Gottes Sohn
... Menschensohn
... die Herrlichkeit des Herrn
... der große Hohepriester

JESUS, DU BIST

... der Richter Israels
... Abbild Gottes des Vaters
... Mittler zwischen mir und dem Vater
... der Weg
... die Wahrheit
... das Leben
... Erbe aller Dinge
... unser Ostern

JESUS CHRISTUS, DU BIST ...

... das Brot des Lebens
... Vater der Ewigkeit
... Hirte und Aufseher meiner Seele
... die größte Macht in mir
... der Eckstein
... die Wurzel Davids

JESUS, DU BIST

... der Erlöser
... die Rose von Sharon
... liebevoll
... mein Freund
... rein
... erhaben

JESUS, DU BIST

... der König der Könige
... Majestät
... heilig
... kostbar
... mächtig
... mein Sieg
... mein Glück
... mein Friede und mein Wohlstand
... meine Kraft
... mein Banner
... meine Freude
... meine Hoffnung
... meine Heilung
... mein Herr
... der, dem ich gehöre
... kostbarer als Gold

JESUS CHRISTUS, DU BIST ...

... kostbarer als Silber
... kostbarer als Diamanten

JESUS, DU BIST

... der Duft des Lebens
... der ersehnte Wohlgeruch
... Sieger (du besiegtest den Tod
und du bist der Herr des Lebens)
... der mich leitet, und mein Meister
... die Quelle des lebendigen Wassers
... die Lilie des Tales
... der Atem allen Lebens
... mein Gott, o Herr
... der Heilige Gottes
... der Nachkomme, der der Schlange
den Kopf zertritt

JESUS, DU BIST

... die Wahrheit
... der Herr der Herrlichkeit
... aller Herr
... Herr der Herren
... der Erhabene der Könige
... die aufgehende Sonne
... der treue Zeuge
... das Wort Gottes
... das Leben
... der wahre Weinstock
... der Höchste
... Gott Israels
... die Sonne der Gerechtigkeit
... mein Fels

JESUS CHRISTUS, DU BIST ...

... der Messias Israels
... der, der war und ist und der da kommt

JESUS, DU BIST

... der König der Könige
... der Löwe vom Stamm Juda
... das Licht der Welt
... der Gesalbte
... der König der Nationen
... der Herr der Heerscharen
... der Friedefürst
... der Mann, bekleidet mit weißer, reiner Leinwand
... der vierte Mann im Feuerofen
... der Jesus von Nazareth

JESUS, DU BIST

... der einzige Gott
... die höchste Autorität
... der König der Heidenvölker
... der Herrscher des Universums
... der, durch den der Vater die Welten gemacht hat
... der, dem alles gehört
... die Quelle lebendigen Wassers
... mein eigentliches Leben
... der Sinn meines Lebens
Nur du machst mich vollkommen.

JESUS, DU BIST

... zärtlich und gütig
... die Auferstehung und das Leben
... die höchste Autorität im Universum

JESUS CHRISTUS, DU BIST ...

Du bist das Wort, durch das die Erde aus Wasser und durch Wasser Bestand hat (2. Petrus 3,6).

Du bist das Wort, durch das der jetzige Himmel und die jetzige Erde aufbewahrt sind für das Feuer und aufgehoben sind zum Tag des Gerichtes (2. Petrus 3,7).

Ich bin wie Gras, das am Morgen aufsprosst, am Morgen blüht und am Abend welkt und verdorrt (Psalm 90,5.6).

Aber du, Jesus, bist das Wasser des Lebens und das ewige Leben.

JESUS, ich danke dir!

JESUS, ich preise dich!

JESUS, ich bete dich an!

JESUS CHRISTUS

Wie gut ist es, deine Gegenwart zu genießen.
Ich gebe dir alle meine Träume und Hoffnungen.

JESUS CHRISTUS ...

... ich sehne mich nach dir!

Jedes Geschöpf, das im Himmel und auf der Erde und unter der Erde und auf dem Meer ist, und alles, was in ihnen ist, muss das Lamm mit Danksagung anbeten.

Dir sei alle Ehre, Herrlichkeit und Macht für immer – amen!

Ehe die Berge geboren waren und du die Erde und die Welt erschaffen hattest, bist du, Gott, von Ewigkeit zu Ewigkeit (Psalm 90,2).

Du, Herr, bist groß und mächtig, du bist der Gott der Wahrheit, du bist der lebendige Gott und der ewige König.

Du schufst die Erde mit deiner Macht, du gründetest die Welt mit deiner Weisheit, und mit deiner Intelligenz spanntest du den Himmel aus.

Du schaffst den Blitz für den Regen, und du führst den Wind heraus aus deinen Vorratskammern.

Du bist der in dir selbst Seiende.

Du, Gott, bist gewaltig!

**Du bist der ICH BIN,
du hast alles erschaffen.**

Herr der Heerscharen ist dein Name.

Nur du, Herr, hast die Sonne gesetzt zum Licht für den Tag, die Ordnungen des Mondes und der Sterne zum Licht für die Nacht.

Du erregst das Meer, dass seine Wogen brausen, und deine Ordnungen weichen nicht.

Du, Herr, schufst die Erde und du schufst den Menschen, all deinen Heerscharen gibst du Befehl und sie gehorchen dir.

O Herr, du bist mein Gott!

Ich werde dich erheben und deinen Namen preisen, denn in vollkommener Treue führtest du deine Ratschlüsse von alters her aus.

Du bist der Glanz der Herrlichkeit, Ausdruck Gottes.

Du bist das Bild des unsichtbaren Gottes,
du bist der Erstgeborene der Schöpfung.

Du bist das Lamm Gottes, das auf dem Thron sitzt und das für immer lebt. Amen!

Jesus, du bist Gott,
du bist Jesus Christus von Nazareth.

Ehre sei dem Herrn der Herrlichkeit!

Du bist Jehoschua, stark und mächtig, mächtig im Kampf!

Deine Macht ist unbegrenzt.

Deine Erkenntnis ist grenzenlos.

Du bist allmächtig, allgegenwärtig und allwissend.

Du sitzt auf dem Thron,
du hältst das Universum in deiner Hand.

Es genügt ein Befehl von dir, und alles in diesem Universum muss geschehen.

Du gibst mir Sinn zu leben.

Es gibt keinen Gott wie dich.

Du bist meine Speise und mein Trank.

Ich bin in dir verwurzelt.

Du bist der Atem meines Lebens.

Ich liebe dich, Jesus.

Ich bete dich an, Jesus.

Ich wurde geboren, um dich anzubeten.

**Du bist mein Gott,
du bist der Vater der Ewigkeit,
dir gehört alle Herrlichkeit, Macht und Ehre.**

**Aller Sieg und alle Majestät kommen von dir,
denn dir gehört alles,
im Himmel und auf der Erde.**

Dein ist das Reich und die Herrlichkeit und die Kraft und die Macht, Reichtum und Herrlichkeit kommen von dir.

Du herrschst über allem.

**Du bist heilig, heilig, heilig,
und die ganze Erde ist voll deiner Herrlichkeit.**

Nur du bist würdig zu empfangen Herrlichkeit, Ehre und Macht, denn du hast alle Dinge erschaffen und um deinetwillen waren sie und sind sie erschaffen worden (Offenbarung 4,11).

Die Erde verkündigt deine Herrlichkeit, o Gott!

Das Firmament verkündigt die Werke deiner Hände.

**Du bist groß, Herr;
sehr würdig, meinen Lobpreis zu empfangen.**

Du schufst den Himmel, die Erde und das Meer.

Majestät und Glanz sind vor dir.

Kraft und Freude sind da, wo du wohnst.

Die Himmel freuen sich, freue dich, o Erde!

Es erzittere die ganze Erde in der Schönheit deiner Heiligkeit; es brause das Meer und seine Fülle.

Das Feld mit allem, was in ihm ist, verbrennt vor dir.

Alle Bäume der Wälder mögen mit Jubel freudig dem Herrn singen.

Die Nationen mögen deine Herrlichkeit verkündigen.

Alles, was Atem hat, lobe den Herrn.

Heilig, heilig, heilig, Allmächtiger,
die ganze Erde ist voll deiner Herrlichkeit,
so wie die Wasser das Meer bedecken.

Groß und wunderbar sind deine Werke;
gerecht und wahr sind deine Wege.

O König der Ewigkeit, König der Nationen,
nur du bist heilig.

Alle Nationen werden sich vor dir niederwerfen; alles und alle im Himmel und auf der Erde und unter der Erde, das Meer und alles, was darin ist, muss dir gehorchen und die Stimme deines Befehls hören und sich vor dir beugen.

Selbst die Berge zerschmelzen wie Wachs vor dir.

Die Hügel neigen sich vor deinem Glanz.

Lasst uns ein neues Lied der Anbetung singen,
denn nur du bist würdig, das Siegel zu öffnen
und das Buch zu nehmen.

Denn du, Jesus Christus, warst tot, und mit deinem Blut erkauftest du Menschen aller Stämme, Sprachen, Völker und Nationen, und für Gott machtest du sie zu Königen und Priestern.

Und wir werden über die Erde mit dir, Jesus Christus, dem Sohn des lebendigen Gottes, regieren.

Du hast den Schlüssel des Todes und der Hölle.

Denn du bist Sieger,
du hast den Schlüssel des Sieges in deinen Händen.

Die Tür, die du öffnest, schließt niemand;
die Tür, die du schließt, öffnet niemand.

Dir, Jesus, sei alle Ehre,
Herrlichkeit und Macht für immer, amen!

Lieber Leser

Tritt in diese Atmosphäre der Anbetung ein.
Lasse dich völlig hineinnehmen, übergib dich
ganz der lieblichen Gegenwart von Gott
dem Vater, Gott dem Sohn und Gott dem Heiligen Geist,
im Thronsaal, zusammen mit den Engeln!

Fahre mit deinen eigenen Worten fort anzubeten
und sprich das aus, was der Heilige Geist
dir bei deiner Anbetung des lebendigen
Gottes zu sagen eingibt.

Ein Hochzeitslied für den König

(nach Psalm 45)

Mein Herz ist unbeschreiblich froh, dieses Lied dem König aller Könige zu bringen.

Meine Zunge ist wie die Feder eines begabten Dichters.

Du bist der Schönste unter den Menschensöhnen. Deine Lippen sind mit Gnade gesalbt – für ewig hat Gott dich gesegnet.

Gürte dein Schwert um, tapferer Kämpfer, gürte es mit Herrlichkeit und königlicher Würde. In dieser Königswürde ziehe aus, um zu siegen, für die Sache der Wahrheit, der Demut und der Aufrichtigkeit.

Deine Pfeile zielen auf das Herz deiner Feinde. Sie verfehlen ihr Ziel nicht – nicht einer! Darum fallen sogar deine Widersacher vor dir nieder.

Dein Thron steht für immer und er steht unerschütterlich. Das Zepter deines Königreichs ist ein Zepter der Gerechtigkeit.

Du liebst die Gerechtigkeit und hasst die Sünde.

Gott hat dich mit Wohlgefallen gesalbt, mehr als alle anderen.

Deine Kleider duften nach Myrrhe und feinen Düften.

Alle singen voller Freude, dir zur Ehre, und freuen sich in dir.

Und die Erlösten warten auf das große Ereignis – die Hochzeit, die bald kommt.

Deine Schönheit bewirkt, dass dein König Verlangen nach dir hat, denn er ist dein Herr. Bete ihn an!

Alle sind bereit, geschmückt mit feinem Gold.

Der König ist voller Leidenschaft. Ehrt ihn, denn er ist euer König.

Die Erlösten erscheinen mit Gaben und die Widersacher bitten um Gnade.

Das Volk wartet voller Verlangen auf den König. Die Gewänder für den Empfang des Königs sind fast fertig. Sie werden bestickt und mit Gold durchwebt – die letzten Stiche werden gesetzt, feine Muster gewirkt.

Dann wirst du in seine Gegenwart geführt, mit Freude und mit Gesang.

Der Königspalast erwartet dich, dort ziehst du ein. Hat er doch versprochen, den Erlösten eine Wohnung zu bereiten.

Maranatha! Komm, Herr Jesus, wir warten auf dich!

Jesus Christus, Sohn des lebendigen Gottes, wir lieben dich, wir beten dich an, ja, wir warten voller Verlangen auf deine Rückkehr!

Einige Bibelstellen über Anbetung

1. Chronik 17,20 und 29,10

2. Chronik 20,18 und 20,21

Epheser 1,6

2. Mose 15,6

Jesaja 6,3

Johannes 4,23 und 24

Nehemia 9,5–6

Die Psalmen 8, 9, 18, 19, 34, 89 und 105

Psalm 66,4, Psalm 86,10, Psalm 93,2 und Psalm 96,6

Römer 11,33–36

2. Samuel 7,22

Offenbarung 4,8–11 und 5,13

und viele weitere ...

Nachwort

Ich habe mittlerweile zahlreiche Zeugnisse von Menschen erhalten, die bereits Gottes Kraft in der Anbetung erfuhren, nachdem sie die erste Ausgabe von „Bete Gott an ..." gelesen hatten.

Eine mir bis dahin unbekannte Frau rief mich einmal an, um mir zu sagen, dass ihr Neffe mit einer schweren Erkrankung im Krankenhaus lag. Zwei Tage nachdem sie das Buch gelesen hatte, ging sie ihn besuchen und setzte in die Tat um, was der Heilige Geist sie beim Lesen des Buches gelehrt hatte. Sie betete Gott gerade dort im Krankenhaus an, sie glaubte und ihr Neffe wurde augenblicklich geheilt. Gott ist treu!

Eine andere Frau erlebte, nachdem sie das Buch gelesen hatte, dass eines Nachts ein dämonischer Angriff buchstäblich ihr Leben bedrohte. Da erinnerte sie sich daran, was sie gelesen hatte, und begann Gott von ganzem Herzen anzubeten. Sie wurde von diesem Angriff befreit – augenblicklich. Gott sei die Ehre!

Vielleicht hast du schon einmal gehört, dass Jesus ein Wohlgeruch des Lebens ist? Nun, ich hörte von einem Fall, in dem eine Person, während sie anbetete, tatsächlich die ganze Zeit von einem unbeschreiblich schönen Wohlgeruch eingehüllt war. Jesus ist so gut und liebevoll!

Bete Gott an, halte durch und berichte dann auch du von dem, was Gott getan hat, zur Ehre und zum Lobpreis Gottes.

Wir freuen uns, wenn du uns schreibst.